# TRANSFIGURATION

# TRANSFIGURATION

## Et autres réflexions poétiques

Catherine Messy

ISBN : 978-2-37011-378-8
Éditions Hélène Jacob – 13 Impasse Victor Gesta – 31200 Toulouse
Imprimé par Ingram
8,90 €
Dépôt Légal Octobre 2015

# TRANSFIGURATION

# Obsession

Les visages m'obsèdent,
Leurs regards me percent.
Chacun d'eux me possède,
Me capte, me transperce.
Ouverts ou bien fermés
Leurs yeux très loin m'emportent
Vers un monde rêvé
Où s'entrouvre une porte.
Surgit l'imaginaire
Où tout devient possible,
Où les êtres se mêlent,
Les choses se transforment.
Ils ne font que se taire
Mais narrent l'indicible.
Ce qui était formel
Enfreint toutes les normes.
Visages fantastiques
Ou bien encore songeurs,
Formes asymétriques
Qui suscitent la peur.
Ces visages sans noms
Me hèlent et me fascinent.
Silencieux, ils le sont,
À jamais le seront.

# Assoupis

Obsession des visages
Qui sommeillent.
Androgynes et sans âge,
Ils éveillent
De multiples pensées.
Sont-ils dans la souffrance
Ou la mort ?
Sont-ils dans l'ignorance
De leur sort ?
Sont-ils juste enivrés de bonheur,
Ou cherchent-ils l'oubli
Du malheur ?
Leurs yeux ainsi fermés,
Ils méditent.
Dans le sommeil plongés,
Ils récitent
Poèmes ou bien prières
De jadis.

# Béatitude

Sourire imperceptible,
D'une infinie douceur.
Béatitude extrême ?
Repos tant désiré ?
Se taire.
Ne pas parler.
Du silence profiter
Et garder son mystère.

# Caracalla

La brume recouvre
La tristesse des traits.
Ou est-ce la pluie
Aux larmes mêlées
Qui vient ruisseler
Pour le submerger ?
Pour oblitérer
Sa grande détresse ?
Ses traits délavés
Laissent à peine voir
Bien dissimulé
Tout au fond de lui
Son grand désespoir,
Cette envie qui couve :
Partir à jamais.

# Déesse

Visage de déesse
À moitié ravagé
Par l'usure du temps,
Dont la délicatesse
Se trouve atténuée
Par son regard fixe
Nous plongeant dans l'hypnose.
Vouloir la contempler,
Nul ne prend ce risque,
Personne vraiment n'ose.
Témoins de temps anciens,
Détenteurs de secrets,
Tout en restant ouverts
Ses yeux demeurent muets.
Belle divinité
Dont les traits sont blessés,
À jamais mutilés.

## Esquisse

Esquisse noire
Sur fond blanc,
Un seul tracé
Pour suggérer
La bouche, le nez,
Les yeux aussi.
Tout simplement
Lui donner vie.

# Franck

Torsion de la bouche,
Yeux décalés
Confèrent au visage
Étrangeté
Très proche de l'effroi,
Qui peut se révéler
Source d'émoi.
Des traits la dureté
Peut renvoyer l'image
D'un être blessé.

# Jeanne

Souffrance d'un visage
Sur le point de mourir.
Nulle larme ne coule,
Aucun son ne surgit.
Sa douleur est sans âge,
Nul ne l'entend gémir.
Son silence nous trouble,
Son mutisme est un cri.

# Métamorphose

Visage en devenir,
Regard dévié,
Colère réprimée,
Érosion du sourire.
Métamorphose des traits,
Une présence naît.

# Multifaces

Visages entremêlés
Ô combien similaires,
Pourtant si différents.
Ils montrent leur profil
Et semblent s'ignorer.
Sont-ils sur le point
De rompre le silence ?
Leur entente est visible
Sous la voûte d'un ciel
Dépourvu de nuages.
Vibrant chœur des morts
S'apprêtant à chanter
D'une voix sépulcrale
La langueur de leur sort ?
Ou bien vont-ils louer
Le bonheur d'être ensemble
Debout dans l'au-delà ?

# Efflorescence

Songe-t-elle à ces fleurs
Aperçues en chemin ?
Au noir de leur cœur
Sous un voile carmin ?
Tour à tour elles dansent,
Viennent la caresser.
Délicates présences
Qui l'effleurent en douceur.

# Visages

Je ne sais pas vraiment
Ce qui me pousse ainsi
À peindre des visages
Ou encore les sculpter.
Sont-ils très ressemblants
À des portraits précis ?
Ils paraissent sans âge,
Et plutôt affligés.
Je ne veux que faire naître
Des sentiments enfouis.
Enfouis au fond d'eux-mêmes
Et en nous-mêmes aussi.
Surgis de nulle part
Ils peuvent nous sembler
Parfois vraiment bizarres
Ou quasiment très laids.
Leurs yeux bien grands ouverts
Ou au monde fermés,
Ils peuvent bien se taire
Mais pourtant me parler.
Et c'est par leur silence
Que je pénètre en moi,
Car c'est bien leur silence
Qui murmure tout bas
Très loin au fond de moi.

# Éclipse

Tache sombre insolite
Dans le paysage,
À moitié caché
Par des nuées blanches,
Éclôt un visage.
Que fait-il perché
Là-haut dans le ciel,
Les yeux occupés
À nous contempler ?
Éclipse de tête
Très peu rituelle,
Pour ceux habitués
À celle du soleil.

# Sourire

Le regard disparaît
Au profit du sourire.
L'ambiance est au bonheur.
Sous la pâleur des traits,
On sent l'envie de rire
Et la gaîté du cœur.
Cette envie de chanter
Quand tout paraît léger,
Quand les maux du passé
Sont un temps oubliés.

# Elfe

Petit elfe solitaire
Debout au milieu des bois.
Ses grands yeux apeurés
Vers le sol abaissés.
Cherche-t-il un endroit
Où se dissimuler ?
Que veut-il vraiment faire ?
Est-il donc pourchassé
Et veut-il se terrer ?
Les branches de ses bois
Renforcent le mystère
De cet arbre esseulé
Perdu dans ses pensées.

# Édouard

Ce blanc visage
Aux traits noircis
Semble dormir.
Mine si sage
Qui ne veut rire,
Ni ne sourit.
Seul un soupir
Semble émerger
Comme pour dire
De l'oublier,
Dans son sommeil
De le laisser,
Et de réveil
Ne point parler.

# Amnésie

Béance de sa tête,
Mutilation du corps,
Son cerveau est en miettes,
Hier en lui est mort.
Souvenirs disparus,
Mémoire disloquée,
Il ne sait ce qu'il fut.
Tout en lui s'est noyé.
Autrefois est parti,
Autrefois il était,
Le passé s'est enfui,
Au présent il renaît,
Mais ignore qui il est.

# RÉFLEXIONS POÉTIQUES

# Apparition

Chevelure boisée
De ce mont solitaire,
Vaste bouche rocheuse
Qui vient mordre la terre,
Sous le ciel gris
Tout imprégné de pluie,
On dirait un visage
Dont le rictus hideux
Apparaît par instants
Sous les jets de lumière
Des éclairs naissants
Enrobés de tonnerre.
Ce même paysage
Hier souriant,
Me paraissait si sage,
Si paisible et heureux.
Sa chevelure sombre
Tachetée de soleil,
Sa bouche rocailleuse
Rehaussée de blancheur.
Il lui fallait attendre
De l'orage la fin
Pour recouvrer l'éclat
D'un visage serein.

# L'arbre n'est plus

L'arbre n'est plus.
Le ciel au-dessus de lui
Étale sa robe grise,
Que de rares voiles blancs
Viennent çà et là ourler.
Deux panières fleuries
Sur lui ont été mises,
Hommage au joli temps
De l'arbre encore sur pied.
Une percée soudaine
Au milieu des voilages.
Apparaît le soleil.
Vient-il glorifier
Cet arbre à présent nu ?
Et le réanimer
Pour qu'il soit ce qu'il fut ?
Lumière bien vaine,
Tel un mauvais présage.
Nul espoir de réveil,
L'arbre a bien expiré,
Et s'est à jamais tu.

# Indifférence

Le soleil n'a cure de la mort d'autrui.
Il brille, insolent, quand s'achève une vie.
Nous sommes hébétés. Rassemblés, nous pleurons.
Il éclabousse ainsi de ses vibrants rayons
Tous les gens éplorés que la peine engourdit.
Lui rutile, princier, et ignore l'effroi
Engendré par la perte de l'être chéri,
Qui, malgré la chaleur, est gagné par le froid.
Dans nos âmes et nos corps plongés dans le supplice
De devoir affronter la vision du trépas,
Une peur s'insinue et doucement se glisse :
Angoisse du départ, crainte de l'au-delà.

## Aube lointaine

La rumeur de l'aube
Ne se fait point entendre.
Il est bien tôt encore
Pour qu'émerge le jour,
Que renaissent les corps
À la vie, à l'amour.
L'aube se doit d'attendre
Que les voiles nocturnes
Deviennent vaporeux,
Que la robe diurne
Vienne habiller les cieux.
Dans le calme je veille,
M'abreuvant de silence
Et de douce torpeur.
Souffle de ton sommeil,
Battements de mon cœur,
Tout le reste se tait,
Tout demeure muet.

# Solitude

Les charentaises grises,
Sur le tapis posées,
Se sentaient esseulées.
Qui donc les avait mises,
Quasi abandonnées,
Devant cette fenêtre
Aux rideaux blancs tirés ?
Qui pouvait donc bien être
Celui ou celle qui
Allait les enfiler ?
Elles semblaient parler
Pour se rassurer.
La nuit enfin finie,
Elles disaient que deux pieds
Reviendraient s'y glisser
Et leur redonner vie.

# L'oubli

Se pourrait-il qu'un jour,
L'oubli s'installe en moi,
L'oubli de ton amour,
Et celui de ta voix ?

Sombrer comme ma mère
Dans un passé sans fin,
Revenir en arrière
Et m'y perdre en chemin ?

Comme mon père, hélas,
Tu serais impuissant
À ce qu'enfin je fasse
Un saut dans le présent.

L'oubli de cette vie,
Passée à nous aimer,
Par l'angoisse envahie,
Effacée à jamais.

# Éveil

Il est tôt.
Le chant de deux oiseaux
Perchés dans les feuillages
Attire mes oreilles.
Je les sais tout là-haut.
Incessant babillage,
Signal de l'éveil,
De la vie retrouvée.
Joyeuse mélodie
Toujours répétée,
Que ce duo d'amis
Ne cesse d'entonner.
Et petit à petit
D'autres se font entendre,
Chassant ainsi la nuit.
Le jour ne peut attendre.

# Deux petites filles

Elles sont accroupies
Devant un bassin blanc
Rempli de nénuphars.
Et on les voit ravies
De passer tout ce temps
À guetter du regard
Les tiges des roseaux
Et autres fleurs typiques
De ces étendues d'eau.
On les sait bien tentées
De tirer, arracher
Les plantes aquatiques.
Pêche très insolite
Pour ces petites filles
Dont les mains jouent
Barbotent et s'éclaboussent
Dans la douce fraîcheur
De cette eau attirante.
Car elles ont la chance
De se ravir de tout.
Le moindre petit rien
Est pour elles un trésor.
Bonheur de l'enfance
Qui ignore encore tout
Des amers chagrins
Que réserve le sort.

# Jeu

Visages concentrés
Sur les chiffres à placer,
Chacun bien assuré
De pouvoir l'emporter.
Visages consternés
Des joueurs battus,
Certains exaspérés
D'avoir ainsi perdu.
Visage souriant
De l'heureux adversaire
Qui bien tranquillement
Des chiffres s'est démis,
Augmentant la colère
Et le mauvais esprit
De tous ceux qui n'ont pu
Des mêmes se défaire.
Reproches au gagnant,
Grognements des perdants,
Cris de dépit,
Fin de partie.

# Terre de folie

Bonheur illusoire
De la vie sur terre.
Bonheur transitoire
Au parfum amer.
Folie meurtrière,
Vision sanguinaire.
Pires que des bêtes
Les hommes sont fous.
Le sang de leurs têtes
Se répand partout.
L'espoir s'effrite,
L'amour est en fuite.
Mais au nom de qui
Cette barbarie ?
Qui ferme les yeux ?
Qui se montre sourd
Aux pleurs des gens
Qui longtemps ont cru
En un dieu clément
Père des innocents ?

# Aimer

Aimer.
Deux syllabes, un seul mot.
Vibrant élan du cœur,
Magie d'une rencontre,
Fougue des chauds baisers,
Douceur des caresses.

Aimer.
Un seul mot, deux sons.
Plénitude des corps
Plongés dans l'unisson
De ce désir intense
Qui fait monter l'ivresse.

Aimer d'amour,
Aimer l'amour,
Vibrer toujours.

# Gris

Éclat de lumière,
Celle des si beaux jours,
Aux lumineux atours,
Aux couleurs solaires.
Apparition noire,
Des profondes ténèbres,
Et des veillées funèbres
Où sourd le désespoir.
Immaculée blancheur
Et profonde noirceur.
Qui bientôt s'associent
Et font un compromis.
La blancheur noircit
Et le noir s'éclaircit.
En ressort le gris.

# Pluie

Les gouttes de pluie
Sont comme des larmes.
Elles sont versées
Par toutes les âmes
De ces gens qui meurent
Dans un monde en feu,
Où grouillent la peur,
Les instincts haineux.
C'est le désespoir
Qui nous envahit.
L'avenir est noir,
L'amour s'est enfui.
Voir que les hommes
Répandent leur mal,
À travers des dogmes
Qui leur sont fatals,
Nous rendent incertains
Quant au devenir
De tous les humains.
Et la pluie qui tombe
Rassemble les pleurs
Versés sur les tombes
De tous ceux qui meurent.

## Repos

Elle aspire au repos
Que procure la sieste.
Allongée sur le dos,
Oreiller sous la tête,
Elle s'abandonne enfin
Au calme du lieu.
De musique il n'est point,
Son esprit est heureux.
Oui, elle peut goûter
Un moment de silence,
Et se sent apaisée
Loin de ce monde en transes.

# À propos de l'auteur

Catherine Messy poursuit son cheminement dans le domaine de la peinture et de la sculpture, couplé dorénavant à celui de l'écriture.

Son premier recueil, *Bucoliques*, est cette fois-ci complété par *Transfiguration et autres réflexions poétiques*, publié une fois encore aux Éditions Hélène Jacob.

L'auteur s'attelle également à l'écriture de romans pour diversifier sa palette.

Retrouvez ses créations artistiques sur le site Acrylique et Vieux Pastels : http://www.vieuxpastels.fr/.

# Du même auteur

*Bucoliques* (Poésie – 2014)

Retrouvez tous les titres et l'actualité des Éditions HJ :

**Sur notre site Internet :**

http://www.editionshelenejacob.com

**Sur Facebook :**

https://www.facebook.com/EditionsHJ

**Sur Twitter :**

https://twitter.com/EditionsHJ

www.ingramcontent.com/pod-product-compliance
Lightning Source LLC
LaVergne TN
LVHW021942220826
846092LV00010B/1210

* 9 7 8 2 3 7 0 1 1 3 7 8 8 *